W0058387

Anselm Grün

Einfach leben – Mein Wochenritual

Anselm Grün

Einfach leben

Mein Wochenritual

FREIBURG · BASEL · WIEN

Herausgegeben von Rudolf Walter

MIX
Papier aus verantwor-
tungsvollen Quellen
FSC® C106847

FSC
www.fsc.org

Umschlaggestaltung: Designbüro Gestaltungssaal
Umschlagmotiv: © aopsan – Fotolia.com

Satz: post scriptum, Emmendingen / Hinterzarten
Herstellung: fgb · freiburger graphische betriebe
www.fgb.de

Printed in Germany

978-3-451-00547-3

Inhalt

Vorwort

Rituale begleiten unser Leben. Sie bringen uns in Berührung mit uns selbst. Sie helfen uns dabei, einfach zu leben, im Einklang mit uns selbst. Und Rituale strukturieren das Leben. Sie halten es lebendig. Sie geben ihm den richtigen Rhythmus. Leben braucht den Rhythmus. Leben drückt sich auch in der Natur im Rhythmus aus. Wer im Rhythmus lebt, der lebt gesünder, der arbeitet effektiver und nachhaltiger. Er wird nicht so leicht müde. Die Rituale, die ich in diesem Buch beschreibe, möchten dabei helfen, einfach zu leben.

Die Rituale sind einfach. Es sind keine komplizierten Methoden, die ich erlernen muss. Die Rituale lehren mich, einfach da zu sein, mich zu spüren, den Augenblick zu spüren. Indem ich in mich hineinspüre, bin ich ganz bei mir, komme ich in Berührung mit meiner innersten Wahrheit. Wir leben ja oft außerhalb von uns, wir lassen uns leben, anstatt selber zu leben. Rituale lehren mich, selbst zu leben. Viele von ihnen gehen über den Leib, über den Atem, über eine Gebärde. Der Leib hilft uns, ganz im Augenblick zu sein. Denn der Kopf ist immer unruhig. Doch wenn wir im Ritual unseren Leib spüren, sind wir ganz präsent, ganz bei uns, ganz im Augenblick.

Die Rituale schaffen mitten im Trubel unseres Lebens heilige Augenblicke. Heilig ist das, was der Welt entzogen ist. Die heilige Zeit, die mir das Ritual schenkt, gehört allein mir und allein Gott. Da kann niemand sonst über mich verfügen. Die Rituale befreien mich von der Macht der anderen, von ihren Ansprüchen und Erwartungen. Sie zeigen mir, dass ich nicht einfach in der Welt aufgehe, sondern dass ich einen Ort in mir habe, über den die Welt nicht verfügen kann. Das gibt mir ein Gefühl von Freiheit.

„Heilig" hat noch zwei andere Bedeutungen. Für die Griechen vermag allein das Heilige zu heilen. Das Heilige ist immer auch heilsam. Und das Heilige ist – so sagt uns die Religions-

geschichte – mit Kraft aufgeladen. Das Ritual
bringt uns mit der Kraft des Heiligen in Berührung. Es stärkt uns mitten im Trubel unseres
Alltags. Es wird zu einer Kraftquelle, aus der
wir schöpfen können.

Für Juden und Christen ist das erste und ent-
scheidende Ritual das Ritual des Sabbats. Das
Einhalten des Sabbats wird den Israeliten
schon in den Zehn Geboten eingeschärft:
„Gedenke des Sabbats: Halte ihn heilig: Sechs
Tage darfst du schaffen und jede Arbeit tun.
Der siebte Tag ist ein Ruhetag, dem Herrn, dei-
nem Gott, geweiht." (Ex 20,8–10) Die heilige
Zeit des Sabbats ist eine Zeit der Ruhe. Die Ri-
tuale schaffen mitten in der Hektik des Alltags
Zonen der Ruhe. Die Ruhe war für die Grie-

chen etwas Aktives, Zeit, über das Wesentliche nachzudenken. Sie haben zwei Worte für die Ruhe: „anapausis" bedeutet die Ruhepause, die ich einlege, in der ich aufatmen kann. Rituale sind solche Ruhepausen. Wir unterbrechen den üblichen Fluss des Lebens und machen eine Pause. Es ist immer eine kreative Pause, in der wir aufatmen, in der in uns auch neue Ideen auftauchen. Indem wir aufatmen, strömt nicht nur frische Luft in uns ein, sondern auch frische und neue Ideen. Das zweite Wort ist: „schole", das Muße und Ruhe bedeutet. Von dort kommt unser deutsches Wort Schule. „Schole" hat als Wurzel das Verb „echein". Es bedeutet innehalten. Das ist ein schönes Bild für das Ritual. Im Ritual halten wir mitten im Fluss und im Getriebe des Lebens inne, um im

Inneren Halt zu finden. Wir machen Halt, um vom Äußeren in das Innere zu gelangen. Und dort im Inneren finden wir Halt in unserer Seele. Von diesem Halt aus können wir dann die Welt gestalten.

In diesem Buch möchte ich für verschiedene Bereiche Rituale beschreiben: Rituale, die uns die Ruhe schenken, die Natur um uns herum mit neuen Augen anzuschauen, die Kraft, die uns aus der Natur zuströmt, in uns aufzunehmen.

Und wir wollen die Rituale anschauen, die uns helfen, eine heilige Zeit zu erleben, ganz im Augenblick zu sein, von niemand sonst bestimmt zu sein.

Die Rituale wollen uns in Berührung bringen mit uns selbst.

Und schließlich wollen sie uns in die Ruhe und in die Stille führen. Nur diese vier Bereiche, die mir vom Ritual des Sabbats her entgegen kommen, möchte ich in diesem Buch anschauen. In anderen Büchern habe ich Rituale zum Kirchenjahr oder zu den verschiedenen Zeiten des Tages oder den wechselnden Anlässen in unserem Leben beschrieben. Allen Ritualen gemeinsam ist, dass sie für uns heilige Orte und Zeiten schaffen, uns zu unserem wahren Selbst führen und uns in den inneren Raum der Stille auf dem Grund unserer Seele führen wollen.

1. Im Einklang mit der Natur

Die Natur tut unserem Leib und unserer Seele gut. Wenn wir genauer nachdenken, warum wir die Natur als heilsam erfahren, fallen mir vor allem vier Aspekte ein. Zum einen spüren wir in ihr die Lebenskraft. Das Leben, das wir rings um uns herum in den Pflanzen und Tieren wahrnehmen, das ist auch in uns selbst. Wir fühlen uns lebendig, wenn wir durch die

Natur gehen, erfrischt und mit neuem Leben erfüllt. Zum zweiten fühlen wir uns zugehörig, wenn uns die Natur umgibt. Sie ist die große Mutter, die uns birgt. Wenn wir uns im Sommer in eine blühende Wiese legen und das Zirpen der Grillen um uns herum hören, dann fühlen wir uns geborgen, wie von einer Mutter getragen. Wir dürfen einfach sein. Dazu gehört drittens: die Natur als die große Mutter bewertet nicht. In ihr dürfen wir sein, wie wir sind. Wir werden nicht beurteilt. Und dann vergeht uns selbst das Urteilen und Werten unserer selbst und anderer Menschen. Und zum vierten: wir erleben in der Natur die Schönheit. Und in der Schönheit spüren wir die Spur Gottes. Die Schönheit tut nicht nur dem Auge gut, sondern auch dem ganzen Leib und der Seele.

Die heutige Psychologie hat neu erkannt, wie heilsam es für den Menschen ist, Schönes anzuschauen und die Schönheit der Natur zu genießen.

Die Schönheit zu genießen hat auch mit dem Sabbatritual zu tun. Als Gott das Werk seiner Schöpfung vollbracht hatte, um am siebten Tag auszuruhen, sah er, dass alles sehr gut war. (Gen 1,31) Die Griechen übersetzen das hebräische Wort „tob" mit „kalos", das schön bedeutet. Und manche Exegeten meinen, schon das hebräische Wort „tob" bedeute auch Schönheit. In den Ritualen, die die verschiedenen Jahreszeiten der Natur betreffen, geht es darum, sich in der Natur geborgen und lebendig zu fühlen, und die Schönheit der Natur wahrzunehmen.

Denn oft genug gehen wir achtlos durch die Natur, ohne die heilsame Schönheit zu sehen und zu betrachten. Das Ritual möchte uns einladen, das Schöne um uns herum zu genießen und auch unsere eigene Schönheit zu entdecken. Denn alles, was wir liebevoll anschauen, ist schön. Und das Schöne – so zeigen es uns die Psychologen – ist immer auch heilsam. Es macht uns schön und gut und heil.

Unter der Sonne verbunden

Suche dir einen Platz in der Sonne. Stell dich in die Sonne, aber nur wenn sie nicht zu heiß auf dich brennt, sondern wenn sie dich angenehm umstrahlt. Stelle dir vor, dass die Sonnenstrahlen deine Haut wärmen. Stelle dir vor, wie sie langsam durch die Haut hindurch gehen, deinen ganzen Leib durchdringen und ihn mit Licht und Wärme erfüllen. Stelle dir dann vor, dass in den Sonnenstrahlen Gottes Liebe selber in dich eindringt. Schließe die Augen und überlege dir: Wenn das stimmt, dass in diesen Sonnenstrahlen Gottes Liebe selbst in mich eindringt, wenn es wahr ist, dass ich ganz und gar durchdrungen bin von Gottes Liebe, dann muss ich mich nicht mehr anstrengen, zu lieben. Dann *bin* ich einfach Liebe. Und diese Liebe gibt meinem Leben einen neuen Geschmack, einen angenehmen und süßen Geschmack. Und ich bin auf einmal fähig, mich selbst zu lieben und die Liebe zu genießen, die in mir ist. Diese Liebe kann mir niemand nehmen. Und ich kann diese Liebe zu andern strömen lassen, ohne mich dazu drängen zu müssen. Sie fließt von alleine in diese Welt hinein und verbindet mich mit der Natur und mit allen Menschen, die mir einfallen.

Unerschöpfliche Kraft

Setze dich an eine Quelle, an einen Bach oder Fluss und beobachte das Wasser. Schau zu, wie es fließt. Viele werden ruhig, wenn sie einfach nur auf das strömende Wasser schauen. Du kannst dir vorstellen, dass das Wasser all die Trübungen abwäscht, die das ursprüngliche Bild Gottes in dir verstellen. Das Wasser reinigt dich auch von all den Trübungen deiner Emotionen. Oft sind deine Gefühle gleichsam beschmutzt von den Gefühlen, die dir aus deiner Umgebung zuströmen. Und das Wasser, das immer weiter fließt, befreit dich von allem Ballast, der sich auf dich gelegt hat, von den Problemen, die dich belasten. Und im Fließen kommt auch in dir etwas in Bewegung. Dein

Leben beginnt wieder zu fließen und fruchtbar zu werden. Und du kannst dir vorstellen, dass im Wasser der Heilige Geist selbst deine Wunden heilt, all das Blinde in dir abwischt und das Erstarrte und Gelähmte zum Leben weckt. Und du siehst in dem Wasser, das immer wieder nachströmt, die unversiegbare Quelle des Heiligen Geistes. Du kannst aus dieser Quelle trinken, ohne dass sie jemals leer wird. So wirst du nie vertrocknen und nie erschöpft werden. Denn die Quelle des Heiligen Geistes ist unerschöpflich, weil sie göttlich ist.

Neues Leben spüren

Seit jeher gehört zu den Osterritualen der
Osterspaziergang. So lade ich dich ein: Geh
ganz langsam durch die Natur. Über eine Wiese
oder in einen Wald. Beobachte, wie das Leben
wieder aufblüht. Das Leben ist stärker als der
Tod. Verstehe, was du siehst, als Bild für das
Geschehen in deinem Inneren. Auferstehung
heißt, dass in dir das Leben stärker ist als der
Tod. In den Blumen, die aufblühen, erkennst
du zugleich: Von ihnen her strömt dir die Liebe
Gottes entgegen. Die Liebe ist stärker als der
Tod. Was möchten die Blumen dir sagen? An
welche Qualitäten in dir erinnern sie dich?
Schau mit dem Blick Jesu auf die einzelnen
Blumen, auf die Sträucher, auf die Bäume.

Jesus sagt vom Weinstock: „Ich bin der wahre Weinstock." Der Weinstock wird für ihn zum Gleichnis für seine Beziehung zu uns. Versuche in den Heilkräutern ein Bild für dich zu sehen. In der Schlüsselblume erkennst du den Schlüssel zu dir selbst. In der Königskerze siehst du deine eigene königliche Würde. Alles was blüht wird zum Gleichnis für dich selbst und für das Geheimnis der Auferstehung. Wenn du mit wachen Augen durch die Natur gehst und mit den Augen des Auferstandenen auf die Natur siehst, dann wird dir das Geheimnis deines Lebens, wie es durch die Auferstehung Jesu verwandelt worden ist, immer mehr aufgehen.

Das Leben berühren

Stelle dich an einem schönen Frühlingstag in die Natur. Schließe die Augen. Öffne die Hände zur Schale und versuche, ganz im Augenblick zu sein. In deinen Händen öffnest du deinen ganzen Leib und hältst dich der Sonne und dem Wind hin und in den Elementen der Natur Gott selbst, der dich in der Sonne und im Wind berührt.

Spüre die Sonne, die auf dich scheint.

In ihren Strahlen dringt Gottes Liebe in dich ein. Sie wärmt dich, sie erfüllt deinen ganzen Leib mit Liebe.

Spüre den Wind, der dich zärtlich streichelt.

Im Wind kannst du die liebevolle Hand Gottes fühlen, die dich sanft berührt, betastet, strei-

chelt. Aber manchmal kannst du im Wind
auch die Kraft Gottes spüren, die dich durch-
weht und alles Verstaubte aus dir heraus treibt.
Öffne die Augen und schaue auf das Leben, das
um dich herum aufblüht, in den Bäumen, in
den Blumen, auf der Wiese, im Feld.
Stelle dir vor, dass dieses Leben auch in dir ist.
Nimm dieses Leben in dir und um dich herum
mit allen Sinnen einfach nur wahr.
Wenn du für ein paar Sekunden ganz gegenwärtig bist, ohne Gedanken und Überlegungen,
sondern einfach nur im Sein, dann weißt du,
was Leben ist.
Dann berührst du das Leben. Dann ist das
Leben, das stärker ist als der Tod, in dir.

Ballast loslassen

Mache eine längere Wanderung durch die Natur. Stelle dir vor, dass du auswanderst aus allen Abhängigkeiten und aus allen Bildern, die du dir von dir selbst gemacht hast. Du wanderst heraus aus deiner Vergangenheit, aus den Verletzungen, die du erlebt hast. Du wanderst auch heraus aus allem, was dich festhalten möchte, was dich nicht frei gehen lässt. Die jüdische Tradition meint, wir müssten auswandern aus den Trübungen, die uns der Vater bereitet hat, aus den Trübungen, die uns die Mutter bereitet hat, und aus denen, die wir uns selbst bereitet haben. Wir sollen auswandern aus allen Projektionen und Erwartungen, die Vater und Mutter an uns richten. Wir sollen aber auch auswandern aus den Bildern des Ehrgeizes und der Selbstüberschätzung, ebenso aus den Bildern der Selbstentwertung, mit denen wir unser wahres Wesen trüben. Stelle dir vor, dass du beim Wandern aus all dem auswanderst und immer mehr hineingehst in die einmalige Gestalt, die Gott sich von dir gemacht hat. Du kannst diese Gestalt nicht beschreiben. Aber du kannst beim Wandern spüren, wie du dich wandelst, wie du immer authentischer wirst, wie du immer weniger Ballast mit dir herumschleppst und mehr und mehr zu dem wirst, der du eigentlich bist.

Gehe dich frei

Gehe einmal bewusst durch den Wald und
achte dabei auf deine Schritte. Stelle dir zu
Beginn deines Weges vor, wie du all die Fäden
loslässt, die dich vom Rücken her halten. Es
sind vielleicht alte Gewohnheiten, in denen
du befangen bist. Oder es sind Bindungen an
Menschen, die dir nicht gut tun. Oder Abhängigkeiten von Situationen oder Menschen.
Gehe dich frei. Dann hast du das Gefühl: Ich
gehe meinen Weg, aufrecht und in Freiheit.
Dann achte auf jeden Schritt. Du betrittst mit
jedem Schritt die Erde und löst dich wieder davon. Du bleibst immer in Bewegung. Nimm das
als Bild dafür, dass du immer auf dem Weg der
Verwandlung bist, dass sich in jedem Augen-

blick in dir etwas wandelt, dass du auch auf deinem Inneren, auf deinem spirituellen und menschlichen Weg immer weiter gehen musst. Du kannst nicht stehen bleiben. Stillstand würde dich erstarren lassen. Nur der innere Weg – den du auch im Sitzen und im bewussten Stehen gehen kannst – hält dich lebendig. Spüre dieses Verwandeltwerden im Wandern. Wandelnd verwandelst du dich. Das Ziel der Verwandlung ist dein wahres Selbst. Du kannst es gar nicht mehr beschreiben. Aber du ahnst, dass du im Gehen immer mehr hinein wanderst in deine wahre Gestalt.

Immer auf dem Weg

Wenn du alleine oder gemeinsam mit deiner Familie oder mit Freunden wanderst, dann gönne dir, eine zeitlang schweigend zu gehen. Nimm die Landschaft wahr, durch die du gehst. Und vergegenwärtige dir den Satz von Novalis: „Wohin denn gehen wir? – Immer nach Hause." Und spüre, dass du durch diese schöne Landschaft gehst, dass du aber letztlich immer auf dem Weg bist zu einem letzten Zuhause. Auch wenn die Natur noch so schön ist, du bist hier in dieser Welt nicht schon für immer zuhause.

Du kannst dir auch das Wort aus dem Philipperbrief vorsagen: „Unsere Heimat ist im Himmel" (Phil 3,20). Wir gehen letztlich immer

dem Himmel entgegen, einem letzten Zuhause.
Aber dieser ist nicht nur das, was uns im Tod
erwartet. Wir gehen jetzt schon in einen Zu-
stand hinein, der sich wie der Himmel anfühlt.
Im Gehen erahnen wir, dass wir immer mehr
in unsere wahre Gestalt hinein gehen und dass
wir in unserem Gehen von Gott umgeben sind.
Das ist Himmel.

Das Wort „Himmel" hängt zusammen mit dem
Wort „Hemd", also mit dem, was uns bedeckt.
Wenn Gottes Gegenwart uns einhüllt und
schützt, dann sind wir jetzt schon im Himmel.
Und der Himmel, der uns im Tod erwartet, ist
nur das Offenbarwerden dessen, was wir jetzt
schon erspüren – im Gehen. Der Himmel ist
für uns immer auch ein Bild der Schönheit.

Im Gehen kannst du dich von Gottes Schönheit umgeben wissen, von seiner Schönheit,
die dich auf ewige Herrlichkeit verweist, zu der
hin du unterwegs bist.

Jeder Schritt führt nach Hause

Nimm dir in den Sommermonaten täglich etwas Zeit, spazieren zu gehen. Und probiere für dich einmal Folgendes: Welches Lied oder welche Melodie berührt dich momentan am tiefsten? Gibt es ein Lied, das deine tiefste Sehnsucht ausdrückt? Gehe bewusst mit diesem inneren Lied und spüre, wie es dir dabei geht. Summe es vor dich hin oder lasse es einfach nur leise in dir erklingen. Du wirst leichter gehen. Du wirst dein Gehen als inneren Weg erfahren, als Weg auf ein Ziel hin, das größer ist als das, was du vor Augen hast. Vielleicht kannst du dann die Erfahrung machen, die der heilige Augustinus beschrieben hat. Er meint: die Wanderer singen wandernd die

Liebeslieder ihrer Heimat, um sich unterwegs die Angst zu vertreiben. Aber sie singen diese Lieder auch, um ihre Sehnsucht nach der Heimat auszudrücken. Das ist ein schönes Bild: Du wanderst und singst deine Lieblingslieder, die dich in Berührung bringen mit deiner tiefsten Sehnsucht. Und das Ziel aller Sehnsucht ist letztlich, daheim zu sein, am Ziel anzukommen, willkommen zu sein, sich zu bergen in den liebenden Armen Gottes.

Ruhe, die Frieden schenkt

Genieße einen schönen Sommerabend. Setze
dich auf eine Bank und betrachte die Natur.
Höre auf das Zirpen der Grillen, auf das leise
Rauschen des Windes. Und schaue einfach, wie
die Sonne langsam untergeht, welche Farben
sie an den Himmel zaubert. Genieße die Ruhe
des Sommerabends. Und versuche, einfach
nur dankbar da zu sein, alles zu vergessen, was
dich bedrückt hat, alles, was dich den Tag über
belastet hat, versuche, alle Sorgen hinter dir
zu lassen und nur im Schauen und Hören zu
sein. Dann wird die Schönheit der Natur sich
auch in dein Herz eingraben. Und die Ruhe der
Natur wird dir Frieden schenken. Du musst
gar nichts tun. Du sitzt einfach nur da, schaust,

hörst, riechst, nimmst wahr, was um dich herum ist. Dann spürst du, wie viel Friede von
der Natur ausgeht. Die Natur ist in sich still. Indem du dich ihr aussetzt, wirst du still werden
und zur Ruhe kommen. Du wirst in Einklang
kommen mit dir selbst. Du spürst: Nichts, was
in der Welt ist, ist mir fremd. Alles, was außen
ist, ist auch in mir. Ich lasse es zu. Das schenkt
mir inneren Frieden.

Durch die Tauwiese gehen

Gehe im Sommer frühmorgens barfuß auf eine Wiese. Mache kleine langsame Schritte und spüre bei jedem Schritt die Frische des Morgens, die Lebendigkeit der Wiese, die Feuchtigkeit des Taus. Bleibe immer wieder stehen und betrachte einzelne Tautropfen. Sie sind wie kostbare Perlen, die uns die Natur über Nacht geschenkt hat. Wenn sich im Tautropfen die Sonnenstrahlen brechen, dann stehst du wirklich vor einem Wunder der Natur. Wenn du ein Heilkraut auf der Wiese entdeckst, pflücke es behutsam und rieche daran. Nimm die verschiedenen Pflanzen, Gräser, Blumen, Heilkräuter wahr. Erfreue dich am Reichtum einer sommerlichen Tauwiese.

Dann gehe langsam hindurch, spüre, wie es deinen nackten Füßen guttut, die feuchte Erde zu berühren. Du fühlst dich als ein Teil der Erde. Und du gehst erfrischt und neu belebt wieder zurück.

Vertrau auf das Leben

Wenn du einen Garten hast, geh hinaus und
betrachte die Laubbäume, die da stehen. Oder
mache einen Spaziergang in einem Laubwald.
Schaue die Blätter an, die noch von den Bäumen abfallen. Meditiere dich in diese fallenden
Blätter hinein und sieh darin ein Bild für dein
eigenes Leben.
Die fallenden Blätter stehen nicht nur für den
Tod. In jedem Herbst fallen die Blätter.
Schon während unseres Lebens gilt es, man-
ches loszulassen,
damit Neues in uns werden kann. Das Neue ist
noch nicht in Sicht.
Zuerst kommt der Winter, in dem sich das
Neue unsichtbar in den Knospen formt.

Überlege, was in dir überlebt hat, was losgelassen werden kann, damit es auf die Erde fällt. Und dann horche in dich hinein, was in dir neu wachsen möchte.

Vielleicht ahnst du es noch nicht. Aber vertraue darauf, dass auch in dir der Frühling wieder kommen wird.

Neues wird in dir geboren, damit du mehr und mehr in die Gestalt hinein wächst, die Gott dir zugedacht hat. Wenn keine Blätter mehr fallen, dann betrachte die auf dem Boden liegenden Blätter. Sie werden zum Dünger für die Erde. Vertraue darauf, dass all das, was von dir abgefallen ist, was du nicht festhalten konntest, zum Dünger wird für neues Leben, in dir selbst, aber auch in anderen Menschen und in der Gemeinschaft, in der du lebst.

Was in dir werden möchte

Setz dich auf deine Lieblingsbank oder auf
deine Lieblingswiese und beobachte die Natur,
die im August und Anfang September um-
schlägt. Es wird Spätsommer. Der Höhepunkt
des Sommers ist vorbei. Jetzt nähert sich der
Herbst. Was du in der Natur siehst, das beziehe
auf dich. In der Lebensmitte wird der Zenit
überschritten. Du kannst dich fragen: War das
alles, was ich bisher gelebt habe? Was will jetzt
kommen? Was kann ich von der Natur lernen,
die sich jetzt auf den Herbst bereitet? Geht es
auch für mich darum, mich auf den Herbst
meines Lebens einzustellen? Was ist der Sinn
meines Lebens? Was möchte ich mit meinem
Leben ausdrücken? Welche Spur möchte

ich eingraben in diese Welt? Was sollte ich loslassen, damit Neues in mir werden kann? Der Spätsommer lädt dich ein, deinem Leben neuen Glanz zu verleihen, einen stillen Glanz, einen zarten Glanz. Lass alles Laute deines Lebens verstummen und öffne dich dem, was in dir werden möchte.

Reiche Seelenbilder

Gehe an einem schönen Oktobertag spazieren
und achte genau auf den Geruch, der in der
Luft liegt. Der Oktobergeruch hat eine beson-
dere Qualität. Achte auf die Farben der Bäume.
Bleibe immer wieder stehen und bewundere
die bunten Blätter, wie sie im Wind wehen und
wie sie immer wieder auch nach unten fallen.
Und achte auf die Stimmung der Landschaft,
auf das milde Licht der Oktobersonne, auf die
Stille, die die abgeernteten Felder verbreiten.
Und dann präge dir diese Bilder ein und
komme dadurch in Berührung mit den Bildern deiner Seele. In deiner Seele sind all diese
Bilder schon vorhanden. Durch die Natur

entdeckst du sie. So entfaltest du den inneren
Reichtum Deiner Seele.
Lasse dir Zeit, die Bilder in dich einzubilden.
Und dann spüre in dich hinein:
Was fühlst du?
Welche Sehnsüchte steigen in dir auf?
Wie ist das innere Gestimmtsein deiner Seele?

Alles, was abfällt, ist gut

Beobachte das Fallen der Blätter und meditiere
es. Schaue dem Blatt nach, wie es sich langsam
vom Baum löst und dann auf die Erde fällt.
Und nimm dieses Bild als Bild für dich selbst.
Welche Blätter sind schon vom Baum deines
Lebens gefallen? Was möchte jetzt von dir abfallen? Dann betrachte, wie das Blatt auf die
Erde fällt. Es fällt sanft, und es schmückt die
Erde und wird sie düngen. Alles, was von dir
abfällt, ist gut und wird auch nach dem Fallen
gut sein für andere und für dich selbst und
dein eigenes inneres Wachsen. Und dann betrachte die Erde, die alles auffängt.
Vielleicht kannst du dir die Verse von Rilkes
berühmten Herbstgedicht vorsagen:

„Und doch ist Einer, welcher dieses Fallen
  Unendlich sanft in seinen Händen hält."

Die Blätter, die von dir fallen, werden von Gottes sanften Händen aufgefangen. Die Erde ist
ein Bild für den mütterlichen Gott, der auch
dich auffängt und unendlich sanft in seinen
Händen hält, jetzt schon, in jedem Augenblick
deines Lebens und dann am Ende, wenn dein
Leben selbst wie ein buntes Blatt für immer in
Gottes Hände fällt.

Entdecke die Farben der Seele

Betrachte an einem sonnigen Herbstabend das milde Licht, das die Sonne über die Landschaft wirft. Versuche, mit diesem milden Licht auch auf das eigene Leben zu schauen. Entdecke die Fülle des eigenen Herzens, die sich in der Buntheit dieser Jahreszeit widerspiegelt. Die Farben des Herbstes sind warme Farben. Das kommt sowohl vom sanften Licht der Sonne als auch von den milden Farben der Blätter.

Milde kommt von „mahlen" und hat mit „weich" zu tun. In unserem Leben können wir nur dann weise werden, wenn wir mit einem milden Blick auf uns selber schauen.

Wir kennen das positive Bild vom milden und weisen Alten – einem Menschen, der die Ernte

seines Lebens dankbar genießt – und gerade
als älterer Mensch für andere zu einem Genuss
wird. Das Gegenteil ist die Härte sich selbst
gegenüber. Wer mit sich hart umgeht, wird es
auch mit anderen Menschen tun.

Und oft werden im Herbst ihres Lebens harte
Menschen immer noch härter und schwieriger
für ihre Umgebung.

Lerne von der Milde des herbstlichen Abend-
lichtes. Wachse in diese Milde hinein. Genieße
die wunderbaren Herbstfarben, die das milde
Sonnenlicht in der Landschaft aufleuchten
lässt. Stelle dir vor, dass all diese wunderbaren
Farben auch in deiner Seele sind. Dann kannst
du die Ernte deines Lebens voller Dankbarkeit
genießen.

Licht, das verwandelt

Setze dich an einem grauen, verregneten
Novembertag in deiner Wohnung ans Fenster.
Lasse die Stimmung, die du in der Natur wahr-
nimmst, in dich eindringen und spüre nach,
ob in deinem Herzen traurige und niederdrü-
ckende Gefühle auftauchen. Und dann stelle
dir vor, wie in deinem Herzen das Licht Jesu
Christi all diese dunklen Gefühle durchdringt
und erhellt. Stelle dir vor, dass dieses Licht
durch den ganzen Leib strömt, vom Kopf nach
unten durch den Hals, durch den Brustraum,
den Bauchraum, die Beine bis zu den Zehen-
spitzen und durch die Arme bis zu den Fin-
gerspitzen. Und vertraue darauf, dass das Licht
im Herzen nie erlischt. Gerade in der dunklen

Zeit brauchen wir die Erfahrung des inneren
Lichtes. Wenn es dir hilft, kannst du auch eine
Kerze vor dich hinstellen und wahrnehmen,
wie das milde Licht der Kerze in die eigene
Dunkelheit dringt und sie verwandelt.

Im Regen gehen

Wenn es regnet, zieh dich gut an und nimm
einen Schirm mit. Und dann gehe langsam
und bewusst im Regen spazieren. Im Regen
gehen hat eine eigene Qualität. Rieche die
Natur, wenn es regnet. Die Natur hat einen
anderen Geruch, je nach dem, wie und wann
es regnet. Der Frühlingsregen fühlt sich anders
an als der Sommerregen und der Herbstregen
hat wieder seinen eigenen Geruch. Und dann
horche auf das Tröpfeln des Regens. Auch da
wirst du den Regen sehr verschieden wahrnehmen: den Nieselregen spürst du kaum. Du
gehst einfach im Regen, ohne dass er dich sehr
stört. Dann gibt es den starken Regen, bei dem
du vielleicht etwas Zuflucht unter einem Baum

suchst. Und dann gibt es das gleichmäßige
Tropfen des Regens. Spüre diesem gleichmä-
ßigen Regnen nach. Es beruhigt dich. Und es
gibt dir das Gefühl: du bist mitten in der Natur,
mitten im Geschehen von Befruchtetwerden,
von Durchtränktwerden. Der Regen erfrischt
dich. Er weicht das Dürrgewordene und das
Erstarrte in dir auf und verheißt dir neue
Lebendigkeit und Fruchtbarkeit.
Bleibe manchmal bewusst im Regen stehen
und genieße den Regen um dich herum. Und
dann stelle dir vor, was wir im Advent singen:
„Tauet Himmel, den Gerechten, Wolken regnet
ihn herab!"

2. In den Augenblick kommen

Rituale schließen eine Tür und öffnen eine Tür. Viele Menschen sind nicht im Augenblick, weil sie die Tür des Vorhergehenden nicht geschlossen haben. Sie leben gleichsam immer im Durchzug und sind nie dort, wo sie gerade sind. Die Menschen in ihrer Umgebung merken, dass sie nicht dort sind. Sie sprechen zu einem, aber in Gedanken sind auch sie woanders. Sie schauen einen an, aber ihr Blick ist getrübt, weil er auf zuviel anderes gerichtet ist.

Gerade Menschen, die in ihrem Beruf Verantwortung tragen, tun sich schwer, die Tür der Arbeit zu schließen, wenn sie nach Hause kommen. Kinder merken sehr genau, ob ihre Eltern die Tür der Arbeit geschlossen haben oder nicht. Wenn sie noch offen steht, dann werden die Kinder quengelig. Sie wollen die Aufmerksamkeit der Eltern erringen. Das ärgert die Eltern wiederum. Und so entsteht ein Teufelskreis: einer regt den anderen auf, keiner ist mit dem anderen zufrieden. Denn es ist keine wirkliche Begegnung möglich, weil die Eltern nicht wirklich gegenwärtig, nicht wirklich im Augenblick sind.

Rituale schließen die Tür der Vergangenheit, damit die Tür zur Gegenwart, die Tür zum Augenblick aufgehen kann. Wenn ich im Augenblick bin, dann habe ich alles, was ich brauche. Dann bin ich ganz bei mir, dann bin ich ganz bei Gott. Denn Gott ist immer ein gegenwärtiger Gott, ein Gott des Augenblicks. Im Augenblick bin ich im Frieden mit mir. Da haben die Verletzungen der Vergangenheit und die Sorgen um die Zukunft keinen Zutritt. Ich bin einfach nur da. Das genügt.

Ganz im Augenblick zu sein, darin liegt das Geheimnis der Spiritualität. Jesus rät uns, uns immer wieder vorzusagen: „Wir sind unnütze Sklaven; wir haben nur unsere Schuldigkeit getan." (Lk 17,10) Spiritualität besteht darin, das zu tun, was wir dem Augenblick schulden. Wir stellen uns mit unserer Spiritualität nicht über andere. Wir geben nicht an mit unserem spirituellen Tun, mit unseren spirituellen Leistungen. Wir tun einfach, was dran ist, was wir diesem einen Augenblick schuldig sind.

Zeit ist Geschenk

Setze dich in aller Stille hin und versuche, die Zeit wahrzunehmen. Stille kommt ja von stellen, stehen bleiben. Wenn du still wirst, dann bleibt auch die Zeit für dich stehen. Dann bist du ganz im Augenblick.
Achte jetzt auf deinen Atem.
Mit jedem Atemzug vergeht die Zeit.
Neue Zeit kommt auf dich zu.
Neue Zeit wird dir geschenkt.
Alte und verbrauchte Zeit rinnt vorüber.
Unversehrte, unberührte Zeit kommt dir entgegen.
Versuche, in der Stille inne zu halten. Versuche, dich innen zu spüren.

Im Innehalten wirst du den heiligen Raum in
dir spüren.
Das Heilige ist nicht nur das, was der Welt entzogen ist. Es ist auch, was der Zeit entzogen ist.

Innehalten heißt, dich an dem festzuhalten,
was jenseits der Zeit ist, festzuhalten an dem,
was in dir ist, was innen ist, was jenseits der
Oberfläche ist, tief innen, im Grund der Seele,
im Grund des Seins.
Es heißt, dich an Gott festhalten, der alle
Zeit übersteigt und der dir jeden Augenblick
schenkt. In diesem Innehalten wird die Zeit
nicht mehr flüchtig.
Sie wird dich nicht mehr auffressen, sondern
sie kommt dir als unberührte kostbare Zeit
entgegen.

Lebe jetzt in diesem Augenblick in der Zeit.

Sie gehört dir. Sie ist ein Gottesgeschenk.

Denn Er ist der Ursprung aller Zeit.

Ohne Druck

Nimm dir ein paar Augenblicke Zeit. Stelle
dir vor: Ich muss jetzt gar nichts tun. Ich bin
einfach ganz im Augenblick. Dieser Augenblick gehört mir. Ich lebe darin. Und wenn ich
jetzt wieder an die Arbeit gehe, dann versuche
ich auch ganz im Augenblick zu sein, ganz
in dem Gespräch, das ich gerade führe, ganz
im Schreiben der Mails, ganz beim Telefonieren. Ich lasse mich weder beim Gespräch,
noch beim Schreiben, noch beim Telefonieren
unter Druck setzen. Ich wende mich ganz dem
Augenblick zu.
Probiere das immer wieder aus. Du wirst spüren, dass du nicht unter Druck gerätst, dass die
Zeit dich nicht auffrisst, sondern dass es eine

angenehme Zeit ist. Du tust eins nach dem
anderen und denkst beim Einen nicht schon
an das Andere. Das nimmt dir allen Druck,
schon an das Nächste zu denken. Das befreit
dich von dem Druck, alles auf einmal machen
zu müssen.
Du bist jetzt in diesem Augenblick und tust
das, was du diesem Augenblick schuldig bist.
Das klingt ganz einfach. Aber darin liegt das
Geheimnis der Spiritualität.

Verlangsamen

Wenn du das Gefühl hast, dass Hektik und
Stress deinen Alltag bestimmen, dann versuche ganz bewusst, gegenzusteuern. Versuche
dein Leben bewusst zu entschleunigen und
eine Langsamkeit einzuüben, die dir guttut.
Suche dir jeden Tag einen kleinen Weg aus,
den du bewusst langsam gehst. Das kann das
Treppensteigen sein. Es kann der Weg zum
Briefkasten sein, der Weg in den Garten. Es
kann ein Weg sein, den du sowieso jeden Tag
gehst. Es kann aber auch ein Weg sein, den du
bewusst als Ritual gestaltest, indem du eine
Runde in deinem Garten drehst. Versuche einmal, ganz langsam zu gehen, Schritt vor Schritt
zu setzen, mit deinen Händen den Lufthauch

zu spüren. Es ist gut, wenn du dabei für dich allein bist, ohne Zuschauer. Aber indem du extrem langsam gehst, spürst du, was es heißt, ganz im Augenblick zu sein, was es bedeutet, Schritte zu tun, zu gehen, die Welt zu erleben. Du bist ganz in deinem Gehen. Du musst nichts leisten. Du musst dich nicht konzentrieren. Du wirst sehen, dass das extrem langsame Gehen dich auch innerlich verlangsamt, wie du in deinem Herzen ankommst. Wenn du das täglich übst, wirst du eine Veränderung in dir feststellen.

Du kannst den langsamen Weg entweder an eine bestimmte Zeit – am Morgen, oder am Abend beim Nachhausegehen von der Arbeit – oder an einen bestimmten Ort – den Flur deiner Wohnung, das Treppenhaus, den Gang zum Briefkasten – binden. Dann wirst du jeden Tag etwas von der Verlangsamung deines Lebens spüren. Es wird dir neue Kraft geben auch für die Arbeit, bei der es dann durchaus schnell gehen darf.

Neu in jedem Augenblick

Setze dich ruhig hin und nehme bewusst die
Zeit wahr. Jeden Augenblick wird die Zeit neu.
Das Alte vergeht, die Gegenwart bleibt nur für
einen kurzen Augenblick und schon kommt
die neue und unverbrauchte Zeit.

Nimm das als Bild: Du bleibst nicht derselbe.
In jedem Augenblick wirst auch du neu. Etwas
Neues kommt auf dich zu. Altes lässt du los,
Neues entsteht in dir. Die Körperzellen erneu-
ern sich ständig, die Seele wird neu und der
Geist hat immer neue Ideen und erzeugt neue
Gedanken. Beobachte voller Neugier das Neue,
das dich jeden Augenblick umgibt und das in
dir in jedem Augenblick entsteht. Und vertraue

darauf, dass es Gott selbst ist, der dich erneuert.

Vielleicht erahnst du dann, was Paulus erfahren hat, als er durch die Begegnung mit Jesus
Christus neu geworden ist: „Wenn jemand in
Christus ist, dann ist er eine neue Schöpfung:
Das Alte ist vergangen, Neues ist geworden."
(2 Kor 5,17) Du wirst jeden Augenblick neu,
weil Christus, der alles neu macht, in dir ist,
lebt und wirkt.

Ausatmen – einatmen

Setze dich bequem hin und öffne deine Hände
zu einer Schale.
Stelle dir vor, dass jetzt nur dieser eine Augen-
blick zählt.
Du brauchst gar nichts zu tun.
Du beobachtest nur deinen Atem.
Im Einatmen strömt Gottes neuer und neu-
machender Geist in dich ein.
Und im Ausatmen lässt du diesen Geist in
deinen ganzen Leib strömen.
Gottes Geist erfüllt dich mit neuem Leben.
Beobachte nur den Atem und versuche, ganz
im Augenblick zu sein.

Das genügt. Du hast alles, was du brauchst.

Mache dir keine Vorsätze. Denke nicht über dich nach.

Folge nur dem Atem und dem, was er in deinem Leib bewirkt.

Du bist offen für das, was Gottes Geist in dir schafft.

Bewerte nicht, was in dir geschieht, sondern lass einfach geschehen.

Vielleicht ahnst du dann, dass du gegenwärtig bist,

weil der gegenwärtige Gott in dir ist und an dir wirkt.

Nutze den Augenblick

Wenn du das nächste Mal in einer Warteschlange stehst – im Supermarkt, vor einem
Konzert an der Kasse – und wenn du das
nächste Mal im Stau stehst, schimpfe nicht,
drängle dich nicht vor – und lass auch den
Impuls, das zu tun, nicht hochkommen. Versuche einfach, die Leute zu beobachten. Stell dir
vor, was die Frau vor dir denkt und fühlt, wie
es ihr geht, wonach sie sich sehnt. Beobachte
den Mann hinter dir. Was bewegt ihn? Warum
ist er so unruhig? Wohin möchte er? Kann er
es bei sich nicht aushalten? Was täte ihm gut?
Dann versuche, innerlich all diese Menschen
zu segnen, ihnen zu wünschen, dass sie in Frieden kommen mit sich selbst. Stelle dir vor, dass

Gottes Segen in diese Menschen einströmt und ihre Unruhe beruhigt, ihre Unzufriedenheit befriedet und ihre Trauer erhellt. Und sende mit dem Segen Gottes auch dein Wohlwollen zu den Menschen. Verurteile sie nicht, sondern sag dir vor – so wie Siddhartha in dem Roman von Hermann Hesse: „Es sind Kindermenschen, genauso wie ich. Im Innersten sind wir alle gleich." Dann wirst du die Warteschlange nicht als negativ erleben. Du wirst dich eins fühlen mit all diesen Menschen. Und es wird dir gut gehen.

Liebende Aufmerksamkeit

Jeder Abend kann zu einer guten Gelegenheit werden, sein Leben achtsam anzuschauen. In meiner Jugend hat man uns beigebracht, dass zum Abendritual die Gewissenserforschung gehört. Dabei waren wir nur auf das fixiert, was wir verkehrt gemacht haben. Heute empfehlen uns geistliche Autoren, im Anschluss an Ignatius von Loyola das Gebet der liebenden Aufmerksamkeit zu üben. Wir sollen den Tag nochmals durchgehen und uns überlegen, wo wir Gott begegnet sind, wofür wir Gott danken können. Wir sollen den Tag nochmals bewusst meditieren als einen Tag, den wir mit Gott gelebt haben.

In ähnlicher Weise könnten wir den Tag auch danach befragen, wo wir den Augenblick genossen haben. Denn Genießen hat letztlich immer mit Gott zu tun. Die geistliche Tradition versteht das ewige Leben als beständigen Genuss Gottes (frui deo).

So setze dich einmal hin und gehe den Tag nochmals durch. Wann warst du ganz gegenwärtig? Welche Augenblicke hast du genossen? Kannst du dich erinnern an das, was du gegessen hast? Hast du es genießen können? Oder wo haben deine Augen etwas bewusst wahrgenommen und bewundert? Wo hast du dich im Hören vergessen können? Und welche Gerüche sind dir in die Nase gestiegen? Wen hast du heute berührt und wie hast du die

Menschen berührt, wie hast du dich selbst berührt?

Ärgere dich nicht, wenn der Tag ohne Genuss
gewesen ist. Sondern versuche jetzt, diesen
Augenblick zu genießen. Jetzt bist du da, ganz
für dich, ganz vor Gott und in Gott. Du musst
jetzt gar nichts leisten. Alles, was an dir tags-
über vorbeigegangen ist, es ist jetzt gegenwärtig.

Du spürst jetzt den Augenblick und hast alles,
was du brauchst. Du hast Gott selbst, der dir
den tiefsten Genuss schenkt, den es gibt, den
Genuss seiner Liebe.

Unberührte, kostbare Zeit

Der heilige Augustinus sagt uns: Jeder Mensch
weiß, was Zeit ist. Aber wenn wir nachdenken
über die Zeit, dann wissen wir auf einmal nicht
mehr, was Zeit bedeutet. Die Griechen nennen
die Chronos-Zeit. Das ist die Zeit, die uns auffrisst. Wir haben nie genügend Zeit. Und es gibt
die Kairos-Zeit. Das ist die angenehme Zeit, die
Zeit, die uns geschenkt ist. Versuche, die Zeit
jetzt als Kairos zu erleben, als angenehme Zeit,
als Geschenk Gottes an dich. Spüre in dich hinein: Dein Atem zeigt dir schon, was Zeit ist. Der
Atem geht und kommt. So geht und kommt
die Zeit. Alte verbrauchte Zeit geht vorüber
und neue unberührte Zeit kommt dir entgegen. Spüre diesen einen Augenblick zwischen

Vergangenheit und Zukunft. Spüre jetzt diese
unberührte Zeit, die frei ist von jedem Druck.
Du musst in diesem Augenblick gar nichts tun.
Du bist einfach nur da.

Du erlebst dich in dieser Zeit, du ahnst etwas
vom Geheimnis der Zeit. Kairos als angenehme
Zeit bedeutet einfach: du bist. Du bist reines
Sein. Du bist im Einklang mit diesem einen
Augenblick. Das genügt. Da hast du alles, was
du zum Leben brauchst.

Du erfährst in der Zeit das Zeitlose, das, was
jenseits aller Zeit ist. Und du wirst Gott selbst
erahnen, der der Ursprung aller Zeit ist.

Nichts festhalten

Nimm dir einmal für folgende Übung Zeit: Ich setze mich auf eine Bank und nehme wahr, was ich beobachte. Ich höre das Rauschen des Windes. Ich lasse die Sonne in mich eindringen. Ich genieße den Augenblick.
Aber zugleich werde ich mir bewusst: Dieser Augenblick lässt sich nicht festhalten. Ich kann ihn aber genießen, wenn ich bereit bin, ihn auch loszulassen. Die Sonne lässt sich nicht festhalten. Sie wandert. Sie versteckt sich hinter Wolken und kommt wieder hervor. Der Wind ist in jedem Augenblick anders.
Ich nehme dankbar wahr, was ich erlebe.
Und trotzdem lasse ich jeden Augenblick wieder los.

Ich danke für das, was ich wahrnehme, ohne
es festhalten zu wollen. Ich bin bereit, das, was
ich erlebe, auch zu verabschieden.
Im Abschied bleibt die Essenz des Augenblicks
in mir erhalten. Und das genügt, zu wissen:
Alles, was ich erlebe, prägt sich in mir ein und
formt mich. Aber ich wandle mich auch jeden
Augenblick. Ich kann nichts festhalten. Ich
gehe dankbar weiter und bin offen für das, was
sich mir zeigt, worin Gott jetzt zu mir spricht.

3. In Berührung mit mir selbst

Im Alltag sind wir oft nicht bei uns. Wir tun vieles. Wir reden viel. Aber wir sind nicht in dem, was wir tun. Und vor allem sind wir nicht bei uns selbst. Wir spüren uns selbst nicht dabei. Wir funktionieren oft nur. Manche haben den Eindruck, dass sie in einem Hamsterrad laufen. Sie laufen und laufen, aber sie spüren sich selber nicht. Sie spüren höchstens das Erschöpftsein. Aber selbst bei diesem Gefühl bleiben sie nicht stehen. Sie verdrängen es, decken es zu durch neue Aktivitäten. Sie putschen sich wach, durch Kaffee oder irgendwelche Drogen. Aber sie sind nicht bei sich.

Rituale sind der Ort, an dem wir stehen bleiben in der Zeit, um uns selbst zu spüren, um mit uns in Berührung zu kommen. Doch wenn ich zu manchen sage: Im Ritual kommst du mit dir selbst in Berührung, dann sagen sie: Mit wem soll ich da in Berührung kommen? Wer ist dieses Selbst, das ich spüren soll? Ich weiß gar nicht, wer ich bin. Ich spiele so viele Rollen. Aber wer ist dieses Ich, dieses Selbst, das hinter allen Rollen steht?

Die Berührung mit meinem wahren Selbst
geschieht im Ritual oft handfest. Ich berühre
meine Hände und spüre sie und in den Händen spüre ich mich selbst. Ich kreuze meine
Arme über der Brust. Ich betaste mich, berühre
meinen Körper, damit ich im Leib mit dem in
Berührung komme, der diesen Leib beseelt.
Ich komme mit mir selbst, mit meiner Seele,
mit meinem wahren Selbst in Berührung, mit
dem ursprünglichen und einmaligen, mit dem
unverfälschten und einzigartigen Bild, das Gott
sich von mir gemacht hat.

Wenn ich mit mir selbst in Berührung komme,
dann haben die äußeren Dinge nicht mehr
soviel Macht über mich. Viele lassen sich von
dem, was sie erleben, ständig aus ihrer eigenen

Mitte heraus drängen. Sie gehen in dem auf, was auf sie einströmt. Aber sie sind nicht bei sich. Sie können dem, was sie erleben, nichts entgegensetzen. So sind sie oft den Konflikten um sich herum, den Emotionen anderer, den Geschehnissen in ihrer Umgebung ausgeliefert. Sie lassen sich von außen bestimmen. So ist es heilsam, in den Ritualen mit sich selbst in Berührung zu kommen. Dann werde ich auch fähig, das, was außen ist, von innen her zu gestalten. Wenn ich mit mir in Berührung bin, kann ich auch andere Menschen berühren, sie anrühren, sie in Bewegung bringen.

Werden wie ein neu geborenes Kind

Stelle dir vor, dass du gerade aus dem Mutterleib gekommen bist. Du ruhst in deinem warmen Bett. Alles liegt noch vor dir. Du bist noch ein unbeschriebenes Blatt. Du bist frei von Erwartungen, die andere in dich setzen. Keiner beurteilt dich. Keiner will etwas von dir. Keiner hat eine Forderung an dich. Stelle dir vor, wer dieses kleine Wesen ist, das noch nicht festgelegt ist. Und dann überlege dir, wie du dein Leben gestalten würdest, wenn du noch einmal von vorne anfangen könntest. Würdest du es anders machen? Es war ja nicht alles in deiner Hand, was geschehen ist. Was hätte anders werden können, wenn dieses oder jenes nicht geschehen wäre? Wenn deine Eltern nicht so früh gestorben wären? Wenn du in einen anderen Beruf gekommen wärest? Bleibe aber nur kurz bei diesen Phantasien. Dann komme wieder auf dein Leben zurück. Kannst du dankbar sein für dein Leben, so wie es geworden ist von der Geburt an?

Dann halte dieses eben geborene kleine Kind Gott hin. Und stelle dir vor, dass es auch heute noch in dir ist. In dir ist immer noch das Kind, das geboren wird. In dir liegen noch neue Möglichkeiten. In dir sind noch unbeschriebene Blätter, die du jetzt mit deinen Gedanken, deinen Sehnsüchten, mit deinem Leben, beschreiben kannst.

Was möchtest du auf all diese leeren Blätter schreiben?

Wonach sehnst du dich?

Was soll dieses neugeborene Kind in dir jetzt
zum Leben bringen?

Wie würde dein Blick aussehen, wenn du mit
den Augen des neugeborenen Kindes in die
Welt blickst?

Bitte Gott, dass er dich in Berührung bringt
mit diesem neugeborenen Kind. Bitte ihn, dass
alles, was das innere Kind in dir verdeckt hat,
abfällt und du ganz du selber wirst, authentisch, ursprünglich und echt.

Suche das fröhliche Kind in dir

Suche in deinen Fotoalben oder in dem Karton
mit alten Bildern aus deiner Lebensgeschichte
einige Bilder aus, in denen du als Kind fotogra-
fiert worden bist. Betrachte ein Bild nach dem
andern.

Lass es in dich eindringen. Spüre in deinem
Herzen, was es in dir auslöst.

Bilde das Bild in dich ein. Und sage dir vor:

Das bin ich. Das, was ich sehe, ist in mir.

Dann horche in deinen Leib hinein!

Wo findest du die Fröhlichkeit, die das Kind
ausstrahlt, in deinem Leib?

Ist sie in deinen Augen oder in deinem Herzen
oder im Brustbereich?

Verweile in deinem Leib!

Und nimm dir Zeit, dieses Gefühl, das in dir ist,
zu spüren.

Wie verändert dieses Gefühl jetzt deine Selbst-
wahrnehmung? Wie verwandelt sich deine
Stimmung?

Dann versuche, dieses kleine Kind in deine
Arme zu nehmen und es liebevoll hin und her
zu wiegen. Du kannst diesem kleinen Kind
Heimat in dir geben.

Es wird dir danken mit der Lebendigkeit und
Fröhlichkeit und Ursprünglichkeit, die in ihm
ist. Und dann bitte Gott, dass er dieses Kind in
dir stärke und dir Anteil schenkt an der Quelle
der Lebendigkeit, die er diesem Kind schon bei
seiner Geburt mitgegeben hat.

Ich umarme alles in mir

Viele Menschen verbrauchen ihre Energie
damit, dass sie ihre Schattenseiten unterdrücken. Sie wollen nach außen hin nur als stark
und souverän erscheinen. Doch das kostet
viel Energie. Da ist die Kreuzgebärde ein gutes
Ritual: Ich kreuze die Arme über der Brust.
Diese einfache Gebärde ist ja eine Gebärde
der Umarmung. Jesus sagt im Johannesevan-
gelium: „Wenn ich über die Erde erhöht bin,
werde ich alle zu mir ziehen." (Joh 12,32). Am
Kreuz umarmt uns Christus mit all unseren
Gegensätzen, mit unseren Schattenseiten. Oft
sind wir hin- und hergerissen zwischen den
verschiedenen Polen in uns. Wir wollen gerne
nur fromm sein, nur freundlich, nur liebevoll.

Aber wir entdecken in uns immer auch das
Gegenteil: das Unfromme und Heidnische, das
Unfreundliche und Harte, das Aggressive und
Unzufriedene. Es hat wenig Sinn, den Gegen-
pol zu unterdrücken. Nach C. G. Jung gerät das
Unterdrückte in den Schatten und wirkt sich
von dort negativ auf unsere Seele aus. Es geht
darum, die Schattenseiten zu umarmen. Indem
ich mich umarme, kann ich mir vorstellen,
dass Christus selbst meine Gegensätze in mir
umarmt. Das schenkt mir inneren Frieden.

Wenn ich am Abend die Gebärde der über der
Brust gekreuzten Arme übe, dann stelle ich
mir vor: Ich umarme in mir das Starke und das
Schwache, das Gesunde und das Kranke, das
Heile und das Zerbrochene, das Erfolgreiche

und das Erfolglose, das Gelungene und das Misslungene, das Gelebte und das Ungelebte, das Helle und das Dunkle, das Lebendige und das Erstarrte, die Glut in mir und das Ausgebrannte, die Freude und die Trauer, das Vertrauen und die Angst, das Bewusste und das Unbewusste.

Wenn ich mich so selbst umarme, nehme ich mich an, wie ich bin. Ich spare damit viel Energie ein. Ich bin im Einklang mit mir selbst. Ich schütze mich vor meinen Autoaggressionen, mit denen ich oft gegen mich selber wüte, weil ich meinem eigenen Idealbild nicht entspreche. In dieser Selbstumarmung spüre ich mich. Ich bin ganz bei mir. Ich bin in mir geborgen.

Sicherer Stand

Setze dich – wenn es möglich ist – in eine Kirche, in der der Erzengel Michael dargestellt ist. Oder setze dich vor ein Bild des heiligen Michael. Stelle dir vor, dass der Engel Michael dich mit seinen schützenden Flügeln umgibt. Er schützt dich vor allen negativen Einflüssen, die von außen auf dich eindringen, vor verletzenden Worten, vor Worten, die dich manipulieren wollen. Und bitte den Engel darum, dass er dein Herz für Gott öffne, dass Gott im Mittelpunkt deines Denkens und Redens, ja deines ganzen Lebens steht. Wenn Gott deine Mitte ist, dann kommst du selbst in deine Mitte. Dann lässt du dich von andern nicht so leicht daraus vertreiben. Dann bekommst du Standfestigkeit.

Stell dich so hin, dass du dir vorstellst: Michael steht mir zur Seite. So kann mich nichts umwerfen. Ich habe mitten in der Unsicherheit dieser Welt einen festen Stand. Und dann gehe langsam ein paar Schritte und stelle dir vor, dass der Erzengel Michael dich begleitet, dass er deine Schritte auf den Weg des Friedens lenkt, wie es im Benediktus heißt (Lk 1,79). Und beim Gehen kannst du die Worte aus Psalm 91 meditieren: „Er befiehlt seinen Engeln, dich zu behüten auf all deinen Wegen. Sie tragen dich auf ihren Händen, damit dein Fuß nicht an einen Stein stößt; du schreitest über Löwen und Nattern, trittst auf Löwen und Drachen." Das wird deinen Gang verwandeln.

Du wirst voll Vertrauen und Sicherheit deinen Weg gehen, geschützt vom heiligen Michael, umgeben von den Flügeln dieses mächtigen Engels, der auf unserer Seite steht.

Zu mir selber stehen

Stelle dich aufrecht hin, die Füße etwa in Hüftbreite auseinander. Dann stelle dir vor, wie du dich durch die Fußsohlen immer mehr einwurzelst in den Boden, so wie ein Baum seine Wurzeln in den Boden gräbt. Spüre deine Mitte im Beckenraum. Und nun stelle dir vor, wie sich der Körper wie ein Baum nach oben öffnet, wie Gott dich gleichsam von oben her aufrichtet. Wie ein Baum seine Krone entfaltet, so öffnest du dich dem Himmel. Wie ein Baum, der nicht fragt, warum er steht oder vor wem er gut dastehen soll. Du stehst einfach zu dir. Wenn du willst, kannst du dir Sätze vorsagen wie: „Ich habe Stehvermögen. Ich kann etwas durchstehen. Ich habe einen Standpunkt. Ich

stehe für mich ein. Ich stehe zu mir." In einem solchen Stehen wächst Selbstvertrauen.
Du hörst auf, dich unter Druck zu setzen. Du
musst dich nicht beweisen. Du stehst einfach
da. Und es ist gut so. Wenn du willst, kannst
du dir auch Psalmverse langsam vorsagen:
„Wirf deine Sorgen auf den Herrn. Er hält dich
aufrecht." Oder: „Ich habe den Herrn beständig
vor Augen. Er steht mir zur Rechten. Ich wanke
nicht."
Im Stehen lässt sich möglicherweise die Wirk-
lichkeit leichter erahnen, die in diesen Sätze
liegt: Ich stehe auf einmal sicher in Gott, voll
Vertrauen und dankbar für den Wert, den ich
von und in Gott habe.

Von Kopf bis Fuß

Setze dich bequem auf einen Sessel. Dann gehe deinen Leib durch vom Kopf bis zu den Füßen. Spüre dich in den Kopf hinein. Wo reagiert dein Kopf auf Überlastung und Druck? Kennst du häufiges Kopfweh oder Migräne? Was will dir das sagen? Welche Antwort gibst du auf dein Kopfweh oder auf die Migräne?
Wie geht es dir mit deinen Augen? Bist du dankbar für deine Augen? Wann geben deine Augen Warnsignale, dass du sie und dich selbst schonen sollst?
Haben deine Ohren schon rebelliert, etwa durch einen Hörsturz oder durch Tinnitus? Gehe weiter hinunter in den Hals. Wann reagiert dein Hals mit Halsschmerzen? Worauf

weisen dich deine Halsschmerzen hin? Oder kennst du den engen Hals, den zugeschnürten Hals oder den Kloß, der dir im Hals steckt? Schaue auf deine Schultern! Bist du da locker oder verkrampft? Wogegen wehrst du dich in deinen Schultern?

Dann gehst du in den Brustraum. Kannst du weit atmen oder schnürt dir etwas den Atem ein?

Wie fühlst du dich in Deinem Herzen? Wann reagiert das Herz mit Schmerzen oder mit Herzklopfen oder Herzflimmern oder mit Herzrhythmusstörungen?

Vom Herzen spüre dich in deinen Rücken hinein! Kennst du Rückenprobleme? Worauf möchten dich deine Rückenschmerzen hinweisen? Sind es unterdrückte Emotionen?

Dann gehe weiter nach unten in den Verdau-
ungstrakt. Bist du dankbar, dass er seine Arbeit
für dich gut verrichtet? Oder hast du Probleme
damit? Worauf will er dich hinweisen?

Dann spüre dich in deine Nieren hinein. Was
geht dir an die Nieren? Oder die Galle. Geht dir
manchmal die Galle hoch? Oder wie ist es mit
deiner Leber? Was ist dir schon über die Leber
gelaufen?

Und dann spüre dich in deine Beine hinein,
in die Oberschenkel, in die Knie, in die Wa-
den und in die Füße. Bist du dankbar für den
Dienst deiner Beine? Oder spürst du, dass die
Knie streiken oder dir Beschwerden machen.
Tun dir deine Gelenke weh? Kannst du gut
stehen oder hast du Probleme beim Stehen?

Gehe deinen Leib durch und sei dankbar für ihn, dass er dir dient. Versuche, dich in ihm wohlzufühlen, ihn auch mit seinen Begrenzungen und Verwundungen anzunehmen. Und halte deinen Leib Gott hin, dass Gottes Geist gerade in die Bereiche strömt, die dir Probleme machen. Und dann stelle dir vor, dass dein Leib, so wie er ist, mit seinen gesunden und kranken Bereichen, Tempel Gottes ist, dass Gottes Geist darin wohnt.

Bei mir daheim

Lege beide Hände auf die Brustmitte und spüre
dort die Sehnsucht nach Liebe. Wenn du die
Hände längere Zeit dort hinhältst, wird es in
dir warm. In der Sehnsucht nach Liebe – so
sagt Exupery – ist schon Liebe. Spüre die Sehnsucht und zugleich die Liebe, die in dieser
Sehnsucht ist. Und sage dir vor: Diese Liebe
gehört mir. Sie strömt in mir. Sie kann mir
niemand nehmen. Auch keine Enttäuschung
kann mir diese Liebe zerstören. Sie hat in sich
etwas Unzerstörbares. Genieße diese Liebe, die
dich wärmt, und sei dankbar dafür. Sie ist ein
Geschenk Gottes an dich.
Die Liebe bringt dich in Berührung mit deinem innersten Kern, der sich hell und warm

anfühlt, in dem du es bei dir selbst aushalten kannst und bei dir daheim sein darfst. Du kannst bei dir daheim sein, weil in deinem Innersten Gott selbst, das Geheimnis, in dir wohnt. Denn Heimat hat immer mit Geheimnis zu tun. Daheim sein kann man nur dort, wo das Geheimnis wohnt.

Es liegt in meiner Hand

Setze dich ruhig hin und betrachte deine
Hände, die du in Form einer Schale vor dich
hältst. Was hat Gott dir in die Hände gelegt?
Welche Fähigkeiten hat er dir geschenkt? Vielleicht Kraft, Klarheit, Zärtlichkeit, Kreativität,
den Mut, anzupacken?
Stelle dir vor, was du schon alles in die Hand
genommen, was du angepackt, gestaltet und
geformt hast. Und dann schaue in das Neue
Jahr hinein. Was kommt da von außen auf
dich zu? Was kannst du selbst gestalten? Was
möchtest du gerne mit deinen eigenen Händen
anpacken, formen und gestalten? Wo möchtest
du heute anfangen, dein Leben zu ordnen, zu
klären, zu formen? Welche Probleme, die vor

dir liegen, kannst du selbst in die Hand nehmen, um sie zu lösen? Bitte Gott, dass er deine
Hände segne, damit alles, was du in diesem
Jahr in die Hand nimmst, gesegnet ist und Segen bringt. Gott möge das Werk deiner Hände
segnen, damit von deinen Händen Segen ausgeht für dich selbst und für die Menschen, die
du berührst, denen du die Hand gibst, und für
die du arbeitest.

Was sagt dein Bauchgefühl?

Setze dich bequem in den Sessel oder auf einen Stuhl oder auf dein Meditationsbänkchen. Versuche, ruhig zu werden. Dann lege deine beiden Hände auf den Bauch und horche in dich hinein. Wie erlebst du deinen Bauch? Ist er für dich ein Raum, in dem du mit deiner Kraft in Berührung kommst? Oder tauchen da Intuitionen auf, eine Ahnung davon, was du denken oder tun solltest? Betrachte einmal das Bild der Schwangerschaft. Womit gehst du momentan schwanger? Was will sich in dir formen? Hast du das Gefühl, dass du ganz authentisch bist? Dass du der oder die bist, die du eigentlich sein möchtest? Vielleicht kommen auch gar keine Gedanken oder Gefühle

in dir hoch. Vielleicht sind es nur Bilder, die da
in dir auftauchen. Dann folge diesen inneren
Bildern.

Bleibe in dieser Haltung 15 Minuten sitzen.
Spüre einfach dem nach, was sich in deinem
Bauch tut und was sich an Bildern, Gefühlen
oder Gedanken in dir herausbildet. Vertraue
darauf, dass Gott selbst in dir am Werk ist und
dich immer mehr in die Gestalt hinein formt,
die deinem wahren Wesen entspricht.

Leib und Seele reinigen

Fastenzeit ist die Zeit des Frühjahrsputzes, die Zeit einer heilsamen Reinigung für Leib und Seele. Setze dich still hin und beobachte deine Gedanken und Gefühle, die in dir auftauchen. Sind das deine innersten Gefühle? Sind es klare und klärende Gefühle? Oder sind sie vermischt mit den Emotionen deiner Umgebung? Sind da in dir Rachegefühle, negative Emotionen, Vorwürfe gegen andere, Bitterkeit, Groll, Eifersucht, Ärger? Stelle dir vor, wie all diese Gefühle in dir auftauchen. Sie dürfen sein. Aber Sie trüben deinen innersten Kern. Sie trüben deine Gedanken und Gefühle. Du kannst sie auf zweifache Weise reinigen.

Eine geht so: Halte in die getrübten Emotionen das Jesusgebet hinein. Spreche mit dem Atem in deinen Ärger, in deine Eifersucht, in deine Bitterkeit, in die inneren Vorwürfe an andere die Worte hinein: „Jesus Christus, Sohn Gottes, erbarme dich meiner!" Dann wirst du spüren, dass die Gefühle sich reinigen, dass Jesu Geist deinen Geist reinigt. In der Begegnung mit Jesus kannst du nicht festhalten an deinem Groll und deinen giftigen Gefühlen.

Eine andere Möglichkeit: Schau die einzelnen Gefühle an und wirf sie mit Kraft aus dir heraus. Die frühen Mönche sagen, wir sollten die negativen Emotionen aus uns heraus werfen und am Felsen Jesu zerschmettern. Du kannst also die Gedanken gleichsam mit deinen Händen packen und aus dir heraus werfen.

Du kannst dir aber auch vorstellen, dass aus der Tiefe deiner Seele einfach die trüben Dämpfe der negativen Gefühle nach oben steigen und sich dort verflüchtigen. Je länger die trüben Nebelschwaden nach oben steigen, desto klarer wird es auf dem Grund deiner Seele.

Im Leib – in der Mitte

Das Ritual, zu dem ich dich einladen möchte,
kannst du mitten im Trubel des Alltags ma-
chen. Entweder in deinem Büro, wenn du das
Gefühl hast, dass zuviel auf dich einströmt.
Oder im Auto, wenn der Verkehr dich umtost.
Oder beim Warten auf den Bus oder auch beim
Kochen und bei der Hausarbeit.
Bleibe für einen Augenblick stehen und gehe
vom Kopf durch das Herz in den Grund deiner
Seele.
Du kannst diesen Grund der Seele nicht im
Körper lokalisieren.
Aber stelle dir einfach vor, du gehst mit deiner
Aufmerksamkeit in den Unterbauch, dort, wo
der Atem beim Ausatmen stehen bleibt. Achte

auf den Augenblick zwischen Ausatmen und Einatmen. Dort geschieht gar nichts. Dort ist reine Stille. Du atmest weder aus noch ein. Du lässt den Atem von allein kommen. In diesem Augenblick zwischen Einatmen und Ausatmen kommst du in den Grund deiner Seele.

Stelle dir vor, dass dort in der Tiefe alles in dir ruhig ist. Und dann beobachte von dieser inneren Ruhe aus alles, was sich außen bewegt: die Anrufe, die Wünsche der Mitarbeiter, die vielen Mails, die auf dich warten, die Fragen der Kinder.

Halte kurz inne.

Und dann wende dich von deiner Mitte aus von neuem den Tätigkeiten zu, mit denen du gerade beschäftigt bist.

Du wirst sehen, dass du sie anders vollziehen kannst. Deine Beschäftigung bringt dich nicht aus deiner Ruhe.

Alle Bewegung entsteht aus der Ruhe. Du bist nicht mehr im Hamsterrad, sondern in deiner Mitte.

Verkrampfungen lösen

Setze dich auf einen bequemen Stuhl oder
Sessel. Schließe die Augen und achte auf den
Atem, wie er kommt und geht. Spüre dem Geheimnis nach, wie in jedem Einatmen Neues
in dich einströmt. Du kannst dir vorstellen,
dass in der Luft, die in dich einströmt, der
Atem Gottes, der Odem Gottes, der Heilige
Geist in dich einströmt und alles in dir durchdringt und erneuert. Der persische Dichter
Rumi nennt den Atem einmal „den Liebesduft
Gottes".
Stell dir vor, wie die Liebe Gottes in dich einströmt. Im Ausatmen lässt du dann die Liebe
in alle Bereiche deines Leibes strömen, bis in
den Grund hinab, bis in den Beckenraum hin-

ein. Dann kannst du erspüren, dass dein ganzer Leib von Liebe erfüllt ist. Im Atmen kannst du dich gleichsam von innen her streicheln oder dich von Gott streicheln lassen.

Oder aber du stellst dir vor, dass du im Ausatmen alles aus dir heraus atmest, was dich beschwert: Ängste, Sorgen, Gedanken, Ärger, deine alten Lebensmuster. Du atmest Altes aus, damit Neues im Einatmen in dich einströmen kann. Das Neue ist der immer neu machende Geist Gottes, der Heilige Geist. Er ist immer auch der heilende Geist.

Du kannst dir vorstellen, wie im Einatmen Gottes heilender Geist in dich einströmt. Im Ausatmen kannst du dann diesen heilenden Geist Gottes in deine Wunden, in deine Verkrampfungen, in deine schwachen und krank-

heitsanfälligen Körperbereiche hineinströmen
lassen.

Du wirst spüren, dass dir der bewusste Atem
guttut. Er ist heilsam für dich.

Innehalten geht so

Ich setze mich für einen Augenblick achtsam hin und spüre in mich hinein.

Ich beobachte meinen Atem: Fließt er ruhig und gleichmäßig? Oder ist da eine innere Unruhe zu spüren?

Ich achte auf meinen Leib. Wo ist er angespannt?

Ich spüre zu meinem Herzen hin: Steht es unter Druck?

Dann kann ich den Atem wieder bewusst ruhiger fließen lassen. Und wenn ich im Herzen Druck spüre, kann ich den Druck loslassen. Innehalten führt also über den Atem, über das Herz und über den Leib in den inneren Raum der Stille, zu dem die Arbeit keinen Zutritt hat.

So erfahre ich mitten in der Arbeit einen Frei-
raum. Dieser gibt meiner Arbeit einen anderen
Geschmack. Sie verliert das Bedrückende und
Überfordernde. Mitten in der Arbeit bin ich
ganz bei mir. Und wenn ich bei mir bin, spüre
ich keinen Druck von außen. Ich lasse mich
auf die Arbeit ein. Aber die Arbeit bestimmt
und beherrscht mich nicht. Die Arbeit reißt
mich nicht weg von mir. Vielmehr ist sie Aus-
druck meiner Seele. Sie fließt aus meinem
Inneren. Und die Menschen um mich herum
werden meine Seele spüren in dem, was ich
tue.

Spüre deine Energie

Setze dich entspannt in deinen Lieblingsstuhl.
Schließe die Augen und horche in deinen Leib
hinein: Wo spürst du eine Kraft in dir fließen?
Lege deine beiden Hände zuerst auf die Brust
oberhalb des Herzens, dann in den Herzraum,
dann auf den Bauch und schließlich auf den
Unterbauch.
Spüre, wo in dir am meisten Energie strömt.
Es ist jeweils eine andere Art von Energie, die
du in deinem Herzen spürst oder im Bauch. Im
Herzen ist es eher eine Energie der Liebe, im
Bauch eine Energie der Kraft, eine Energie, die
grenzenlos zu sein scheint. Du spürst in dieser
Energie die Lust, ganz du selbst zu sein, dich
nicht den Erwartungen anderer anzupassen.

Du bist einfach da – voller Kraft, voller Leidenschaft.

Vielleicht spürst du in dieser Energie auch eine Leidenschaft, etwas anzupacken, etwas zu formen und zu gestalten, in deinem Leben etwas zu verändern oder aber auf andere zuzugehen.

Spüre, wohin dich deine Leidenschaft treibt.

Und bitte Gott darum, dass er das, was du leidenschaftlich angehst, mit seinem Segen begleiten möge.

Du bist schön – ganz eins mit dir

Betrachte die Schönheit einer Blume, die
Schönheit der blühenden Wiese, die Schönheit eines Baums mit seiner Blütenpracht.
Schau auf ein schönes Marienbild in deiner
Wohnung oder in der Kirche. Und ziehe dann
den Blick zurück auf dich selber. Und stelle dir
vor: All diese Schönheit, die ist auch in mir.
Ich bin schön, so wie ich bin. Ich muss nichts
an mir wegoperieren lassen. Ich muss nichts
vertuschen und verändern. Es kommt nur
darauf an, dass alles in mir durchlässig ist für
die Liebe, wie ich sie in der Natur und in den
Marienbildern wahrnehmen kann. Schließe
die Augen und stelle dir vor: die Liebe strömt
aus meinen Augen, die Liebe erfüllt meine

Stirn, die Liebe leuchtet aus meinen Wangen.
Die Liebe umstrahlt meinen Mund. Und dann
sage dir ganz langsam die Worte vor: „Ich bin
die Herrlichkeit Gottes." In mir, so wie ich bin,
leuchtet Gottes Glanz, Gottes Schönheit auf.
Seine Schönheit leuchtet auch durch mein alt
gewordenes Gesicht voller Falten hindurch.
Seine Liebe strömt durch meine abgearbeite-
ten Hände hindurch zu den Menschen, zu den
Tieren, zu den Pflanzen.

Wenn du so ganz und gar durchlässig bist für
Gottes Liebe und Schönheit, dann bist du ganz
eins mit dir, dann wirst du erfahren: alle deine
kritischen Stimmen über dich und dein Aussehen hören auf. Du bist einfach da, im Einklang mit dir. Dann bist du schön.

Schön kommt von Schauen. Wenn du dich liebevoll anschaust, dann bist du schön. Nur wenn du dich hasst, wirst du hässlich. So schaue dich und deinen Leib mit einem Blick der Liebe an. Dann wird alles an dir und in dir schön sein.

Ganz und gar angenommen

Nimm einmal dein morgendliches Duschen
als Reinigungsritual. Stelle dir vor, dass du
nicht nur den Schmutz und die Müdigkeit
abwäschst, sondern dass deine Seele ge-
reinigt wird. Alles, was dein wahres Selbst
verschmutzt – die Bilder, die andere dir über-
stülpen, die Erwartungen, die andere an dich
richten, die bitteren und giftigen Worte, die du
hörst, die Unzufriedenheit mancher Menschen
in deiner Umgebung – , alles das fließt langsam von dir ab, wenn das Duschwasser deinen
Körper reinigt. Halte die verunreinigenden und
beschmutzenden Worte in das Wasser und
stelle dir vor, dass die Worte sich im Wasser
auflösen, dass du im Wasser die Worte hörst,

die Jesus bei seinem Hinabtauchen in das Wasser des Jordan gehört hat: „Du bist mein geliebter Sohn, du bist meine geliebte Tochter. An dir habe ich Wohlgefallen." Umarme dich selbst unter dem Wasserstrahl der Dusche. Wenn du dich ganz und gar annimmst, dann fühlst du dich rein.

4. Stille, die verwandelt

Rituale bringen mich zur Stille. Die Stille ist schon vorhanden, bevor ich ein Ritual beginne. Aber ich spüre die Stille oft nicht. Ich gehe an ihr vorüber. Stille kommt von stellen, stehen bleiben. Im Ritual bleibe ich stehen. Ich halte inne. Indem ich stehen bleibe, kann es in mir still werden. Die Stille ist heilsam. Und sie reinigt. Wenn meine Emotionen getrübt sind durch äußere Einflüsse, so kann all das Trübe in der Stille sich setzen. Dann werden meine Gedanken und Gefühle klar.

Die Rituale machen mich hellhörig für die Stille, die mich umgibt. Mein Zimmer ist voll von ihr. Die Natur, in der ich stehen bleibe und die ich anschaue, ist still. Aber die Rituale bringen mich nicht nur in Berührung mit der Stille, die mich umgibt, sondern auch mit der Stille, die in mir ist. Die Mystiker sind überzeugt: In jedem von uns ist ein Raum der Stille, ein Raum, in dem Gott in uns wohnt. Und dort, in diesem Raum der Stille, sind wir frei von den Gedanken, die andere sich über uns machen. Dort sind wir frei von ihren Erwartungen und Wünschen und Ansprüchen. Dort haben die Menschen keinen Zutritt. Dort hat der Lärm der Gedanken keinen Zutritt. Es ist ein heilsamer Raum. Dort kommen wir auch in Berührung mit dem innersten Selbst, das heil und ganz ist, unverletzt und unbeschädigt. All die verletzenden Worte können in diesen Raum der Stille nicht vordringen.

Wenn ich im Ritual eintrete in den inneren Raum der Stille, dann verwandelt sich mein Leben. Die inneren Turbulenzen kommen zum Schweigen. Der Lärm der Welt geht mich nichts mehr an. Er kann mich nicht mehr stören. Verwandlung bedeutet: alles, was in der Stille in mir auftaucht, das darf sein. Aber die Stille führt mich durch alles, was sich in meinem Herzen regt, hindurch in den inneren Raum des Schweigens. Und dort in diesem Raum des Schweigens komme ich in Berührung mit meinem wahren Selbst, mit dem unverfälschten Bild Gottes in mir. Das ist ja das Ziel der Verwandlung: Alles darf sein. Aber das Eigentliche ist noch nicht zum Vorschein gekommen. Ich halte alles Gott hin und vertraue darauf, dass Gott mich mehr und mehr in die einmalige Gestalt verwandelt, die er mir zugedacht hat. Im inneren Raum der Stille erahne ich schon diese einmalige Gestalt, dieses unverfälschte und wahre Selbst. Da erlebe ich das, was die Jünger auf dem Berg der Verklärung erlebt haben. Da wurde Jesus vor den Jüngern verwandelt. Da hat sich alles verklärt, da ist das klare und reine Bild Gottes in Jesus aufgestrahlt. Rituale wollen uns auch verklären, sie wollen das Trübe in uns klären, damit das Eigentliche in uns aufleuchtet.

Die Kunst, allein zu sein

Setze dich allein in dein Zimmer. Schließe die
Augen und mache dir bewusst: Ich bin jetzt
ganz allein. Mein Telefon ist ausgeschaltet.
Niemand erreicht mich im Moment, niemand
denkt an mich. Ich bin ganz auf mich allein
gestellt. Spüre diesem Gefühl nach. Vielleicht
taucht bei dieser Vorstellung in dir Traurigkeit
auf. Die Einsamkeit fühlt sich schwer und trau-
rig an. Aber halte dieses Gefühl aus und gehe
durch das Gefühl hindurch. Stelle dir vor: das
Gefühl der Einsamkeit ist vor allem in meinem
Herzen. Aber ich gehe durch das Herz hindurch
in den Grund meiner Seele. Und dort gelange
ich nicht nur in den Grund meiner Person,
sondern in den Grund von allem, was ist. Dort,

auf dem Grund meiner Seele, fühle ich mich mit der ganzen Schöpfung verbunden. Und dort fühle ich mich zutiefst mit den Menschen verbunden, auch wenn ich jetzt mit niemandem rede oder niemandem schreibe. Ich muss den anderen nichts sagen. Im Schweigen bin ich mit ihnen verbunden. Vielleicht machst du in dieser Stille die Erfahrung, die Evagrius Ponticus so beschreibt: „Ein Mönch ist ein Mensch, der sich von allem getrennt hat und sich doch mit allem verbunden fühlt. Ein Mönch weiß sich eins mit allen Menschen, denn immerzu findet er sich in jeden Menschen."

Sich abgrenzen und sich schützen

Das Bild des Sich-Abgrenzens und Sich-Schützens kann durch folgendes Ritual verinnerlicht werden. Es kann ein gutes Abendritual sein. Es kann aber auch vor einer Sitzung geübt werden, um sich vor negativen Einflüssen zu schützen.

Ich stelle mich aufrecht hin und verschränke meine Arme über der Brust. Ich schließe gleichsam die Tür und stelle mir vor: In diesen inneren Raum haben die Menschen, denen ich in der Sitzung begegne, keinen Zutritt. Ich öffne mich emotional diesen Menschen. Aber ich lasse sie nicht in den inneren Raum eindringen.

Ich kann dieses Ritual vor einer Sitzung üben und mich dann während der Sitzung immer wieder daran erinnern.

Eine Hilfe kann sein, dass ich – ohne dass es die anderen merken – meine Hand entweder auf den Bauch oder die Brust lege oder mit einer Hand die andere berühre. Dann erinnere ich mich: Ich bin jetzt bei mir. Und wenn ich bei mir bin, haben die Menschen keine Macht über mich. Und ich lasse die anderen nicht in meinen innersten Raum eindringen. Es ist ein Schutzritual, das mich gerade in angespannten Situationen vor dem negativen Einfluss von in sich zerrissenen Menschen schützt.

Ruhig werden

Setze dich in deiner Wohnung in deine Lieb-
lingsecke, in den Lieblingsstuhl. Versuche, zuerst dich selbst zu spüren, dich aus der Unruhe
in die Ruhe, aus den Gedanken, die um äußere
Dinge kreisen, nach innen zu bringen. Spüre
selbst, dass du im Einklang bist mit dir selbst.
Und stelle dir vor, dass du von Gottes Segen
umgeben bist. Betrachte dein Zimmer, in dem
du sitzt. Und stelle dir vor: dieser Raum ist von
Gottes Segen erfüllt, von Gottes Liebe, von seiner heilenden Gegenwart, von seinem Frieden.
Und lasse dein Auge durch den Raum gehen.
Schaue die Bilder an, die an der Wand hängen,
die Möbel, die Erinnerungsstücke. Und erinnere dich, was du in diesem Raum schon alles

erlebt hast. Stelle dir vor, dass alles, was du hier erlebt hast, vor den liebenden Augen Gottes und unter seinem Segen war. Der Segen Gottes umgibt dich jetzt. Gott hält seine schützenden Hände über dich. Nichts kann dir wirklich schaden. Genieße den Segen, der deinen Raum erfüllt. Und stelle dir vor, dass du unter diesem Segen Gottes zur Ruhe kommst, Geborgenheit und Heimat in deinem Zimmer findest.

Wenn du aus diesem Zimmer hinaus gehst in die Welt, dann wird dieser Segen dich beglei-ten. Und wenn du dann von der Arbeit und von all den äußeren Tätigkeiten wieder nach Hause kommst, kannst du dich immer wieder in diesen gesegneten Raum setzen und dich von Gottes Segen umgeben lassen. Dann wird deine Wohnung nicht nur zu einer Schlafstätte oder zu einer Durchgangsstation, sondern wirklich zur Heimat, weil das Geheimnis Gottes darin wohnt. Du wirst dich darin geborgen und behütet fühlen, weil Gottes Segen dich umgibt.

Inneren Antreibern widerstehen

Setze dich bequem auf einen Sessel. Schließe die Augen und horche in dich hinein! Welche inneren Antreiber melden sich in dir zu Wort? Welche Bilder tauchen in dir auf, die dich belasten und überfordern? Lasse die Antreiber und Bilder ruhig hervortreten. Schaue sie dir an und sprich mit ihnen. Sage ihnen: Ja, du Antreiber, du Bild warst eine Zeit lang für mich gut. Du hast mich auf meinem Weg vorangebracht. Aber jetzt möchte ich dich verabschieden. Denn ich spüre, dass du mir jetzt nicht mehr guttust. Du wirst wahrscheinlich öfter noch in mir auftauchen. Ich nehme dich wahr, aber ich entscheide mich jetzt für ein anderes Bild, für andere Worte, die mir heute guttun.

Und dann horche weiter in dich hinein. Entstehen jetzt gute Bilder, die du gegen die negativen Bilder setzen könntest? Und tauchen andere Worte auf, die dir etwas erlauben, anstatt dich anzutreiben?

Wenn keine guten Bilder oder Worte auftauchen, dann überlege dir aktiv: Was könnte mir helfen? Welches Bild möchte ich gegen die negativen ersetzen und mit welchem Wort auf den Antreiber antworten?

Ein neuer Blick

Gönne dir eine Zeit der Stille. Setze dich bequem auf deinen Meditationshocker oder auf deinen Sessel. Und dann sage dir vor: „Es ist der Herr." Stelle dir vor, dass du nicht allein bist, sondern dass der Auferstandene jetzt bei dir ist. Wenn das stimmt, wie fühlst du dich dann? Wie verwandelt das deinen Blick, dein Gefühl, dein Leben? Und dann stelle dir konkrete Situationen deines Alltags vor und spreche in diese Situationen jeweils das Wort hinein: „Es ist der Herr." Stelle dir den Konflikt mit deinem Sohn oder deiner Tochter vor und sage: „Es ist der Herr." Dann wirst du den Konflikt mit andern Augen sehen. Er ist nicht mehr aussichtslos, nicht mehr unlösbar. Du wirst mit

mehr Hoffnung auf diesen Konflikt schauen.
Oder stelle dir eine Sitzung in deiner Firma
vor, in der kein gutes Klima herrscht. Und sage
dir: „Es ist der Herr." Dann kann das Vertrauen
wachsen, dass der Auferstandene verhärtete
Fronten aufbrechen und in die Kälte etwas von
seiner wärmenden Liebe hineinbringen wird.
Und wenn es dir schlecht geht, wenn du dich
einsam oder unverstanden fühlst – sage: „Es ist
der Herr." Der Auferstandene wird die Augen
öffnen für die Liebe, die auf dem Grund deiner
Seele strömt und dich mit Frieden und Glück
erfüllt.

Zur Quelle der Liebe –
in einem Raum der Stille

Setze dich still hin. Schließe die Augen. Versuche, ganz bei dir zu sein.

Dann gehe durch alle deine Gefühle hindurch. Wenn du vom Kopf in das Herz und noch tiefer in den Bauch gehst, werden verschiedene Gefühle in dir auftauchen. Da werden Enttäuschung und Bitterkeit hochkommen. Oder Aggressionen gegen diese oder jene Person. Ärger über dein Leben so, wie es jetzt ist. Dann werden deine Gefühle von Liebe hochkommen. Sowohl schöne Gefühle als auch solche, wo du dich in deiner Liebe zu einem Menschen verletzt fühlst.

Vielleicht kommt auch das Gefühl der Leere
in dir hoch. Du spürst vielleicht nichts mehr
von der Liebe zu dem Menschen, in den du
dich einmal verliebt hast. Lass auch diese
Leere oder die gleichgültigen Gefühle in dir
aufsteigen. Aber geh durch sie hindurch und
stelle dir vor, dass unterhalb all dieser Gefühle
im Grund deiner Seele eine Quelle von Liebe
ist, die nicht versiegt. Diese Liebe ist mehr als
Gefühl. Sie ist eine Qualität des Seins. Sie ist
eine Kraft, die Gott in dich hinein gelegt hat.
Sie schenkt dir inneren Frieden. Mitten in all
deinen Enttäuschungen, mitten in all deinen
Sehnsüchten nach erfüllter Liebe ist in der
Tiefe deiner Seele ein Raum der Stille, der von
Liebe geprägt ist.

Wenn du in diesen Raum eintauchst, kommst
du in Einklang mit dir selbst. Und du kannst
versuchen, die Liebe, die auf dem Grund deiner Seele strömt, in deinen Leib, in dein Herz,
in deine Augen, in deine Hände hinein fließen
zu lassen. Dann fühlst du dich erfüllt von einer
Liebe, die dir niemand nehmen kann.

Eine Quelle der Freude

Setze dich in eine stille Ecke, schließe die
Augen und gehe nach Innen. Wenn du vom
Kopf in den Hals gehst, was nimmst du da
wahr? Taste dich in deinen Brustraum hinein.
Welche Gefühle tauchen auf? Lasse dir Zeit, die
einzelnen Gefühle wahrzunehmen. Was ist das
Gefühl, das sich am stärksten aufdrängt? Gehe
immer tiefer nach unten. Kommen da andere
Gefühle hoch? Dann stelle dir vor, du wanderst
durch alle Gefühle hindurch auf den Grund
deiner Seele. Dort unten strömt eine Quelle der
Freude.

Traue dem Bild, das uns die Bibel anbietet:
dass in dir die Quelle der Freude ist. Dort, wo
Gott in dir wohnt, ist auch die Freude. Dann

stelle dir vor, wie diese Freude langsam nach oben steigt und deine anderen Gefühle nicht vertreibt, sondern durchdringt. Lasse dir dazu genügend Zeit.

Und dann spüre in dich hinein, wie du dich nun fühlst. Du musst jetzt keine Freude spüren. Aber wenn die Freude ein wenig stärker geworden ist, dann sei dankbar.

Ganz gleich, wie du dich fühlst, bleibe ein paar Augenblicke in der Stille sitzen und halte dich, so wie du bist, Gott hin, damit er dich nun mit seinem Geist der Freude erfüllen möge. Und du kannst dir langsam das Wort Jesu vorsagen: „Dies habe ich euch gesagt, damit meine Freude in euch ist und damit eure Freude vollkommen wird." (Joh 15,11)

Vielleicht bringt dich das Wort Jesu in Berührung mit der Freude, die auf dem Grund deiner Seele sprudelt, die aber oft verdeckt ist von Sorgen und Ängsten. Das Wort Jesu möchte die Quelle der Freude aufsprudeln lassen, dass sie dein ganzes Bewusstsein durchdringt.

Das innere Licht –
spüre den Grund des Seins

Auf dem Grund unserer Seele leuchtet das
göttliche Licht, das wir manchmal in der Kontemplation zu sehen vermögen. Das Ziel aller
Kontemplation ist, dieses innere Licht in sich
zu entdecken.

Setze dich am Abend still in eine ruhige Ecke
und zünde eine Kerze an. Schaue auf die Kerze,
aber zugleich auch in dich selbst hinein.
Zunächst wist du in dir auf viele Gedanken
stoßen, Gedanken über den heutigen oder
morgigen Tag. du wirst auf Gefühle stoßen: auf
Ärger, Eifersucht, Neid, Angst, vielleicht auch
auf Traurigkeit. Lenke deinen Blick immer
tiefer. Halte dich nicht bei den Gefühlen und

Leidenschaften auf. Dann wirst du vielleicht
auf fromme Gedanken und Bilder treffen. Vielleicht fühlst du dich wohl bei diesen Gedanken über Gott und bei den Bildern von Gott.
Aber – so mahnt uns Evagrius Ponticus, der
Mönchsschriftsteller aus dem 4. Jahrhundert –
wir sollen noch tiefer in uns eindringen. Auf
dem Grund unserer Seele werden wir dann das
innere Licht schauen. Es ist der Glanz unserer
Seele, die Schönheit unseres wahren Selbst.
Und zugleich ist es das Licht Gottes. Die Mönche nennen es das unerschaffene Licht Gottes.
Du kannst das Schauen des Lichtes nicht er-
zwingen. Aber stelle dir einfach vor, dass auf
dem Grund deiner Seele dieses Licht ist.
Vielleicht darfst du es manchmal erahnen.
Vielleicht darfst du es sogar für einen Augen-

blick schauen. Dann erfährst du eine Antwort auf die Frage von Friedrich Hölderlin: „Wo nehm ich, wenn es Winter ist, die Blumen, und wo den Sonnenschein?" In dir ist die wahre Sonne, Christus, die alles erleuchtet. In dir ist trotz aller Dunkelheit ein unzerstörbares Licht, das alles in dir wärmt und erhellt.

Verheißung des Gelingens

Setze dich still vor eine Kerze und zünde sie
behutsam an. Vergewissere dich mit diesem
einfachen Ritual, dass das Licht Gottes über
deinem Leben aufgeht und dir verheißt, dass
dein Leben gelingen wird.

Natürlich weißt du, dass vom Anzünden der
Kerze nicht das Gelingen deines Lebens ab-
hängt. Aber indem du achtsam das Licht an-
zündest, drückst du aus, dass dein Leben unter
der Verheißung Gottes steht: „Ich vollbringe
an dir, was ich dir verheißen habe." So spricht
Gott zu Jakob, als er im Traum die Himmels-
leiter sah. So spricht Gott jetzt auch zu Dir.
Schau in das Licht hinein und lass dieses Licht
in alle Abgründe deiner Seele eindringen, in

die verschlossenen Bereiche, in denen viel Verdrängtes und Unterdrücktes verborgen liegt, in die Dunkelheit der Trauer, in deine Angst, in deine Zweifel, in deine Unsicherheit, in deine Leere. Stelle dir vor, dass alles in dir von diesem warmen zärtlichen Licht der Kerze erleuchtet wird. Im Licht dringt Gottes Liebe in dich ein. Sie verurteilt dich nicht. Sie vermittelt dir: Alles in dir darf sein. Aber alles kann auch verwandelt werden durch das Licht und durch die Liebe.

Du sollst bei diesem Ritual gar nicht viel denken. Lass das Licht einfach in dich eindringen. Vielleicht spürst du dann auch, wie es dir warm ums Herz wird, wie Liebe in dich einströmt und dir vermittelt: Alles ist gut.

Vielleicht kommen auch Sehnsüchte hoch,
oder Bedürfnisse oder nicht gelebte Seiten an
dir. Das kann manchmal schmerzlich sein.
Doch es ist gut, wenn das Licht der Kerze dich
in Berührung bringt mit deiner Sehnsucht. Es
zeigt dir, dass dein Leben nicht so eng und so
leer ist, wie du es manchmal erfährst. In dir ist
sein Licht. Es will alles in dir erleuchten, heilen, mit Liebe und Hoffnung erfüllen.

Die Stille wahrnehmen

Suche dir einen Platz, an dem es ganz still ist. Vielleicht kennst du im Wald Stellen, zu denen kein Autolärm oder Maschinenlärm durchdringt. Wenn du durch den Wald spazieren gehst, dann halte öfter inne, um wahrzunehmen, ob es ganz still ist. Und dann bleibe stehen. Höre auf die Stille. Es wird keine absolute Stille sein. Du hörst das leise Rauschen des Windes oder du hörst Vögel zwitschern. Aber weder das Rauschen des Windes noch das Singen der Vögel stört die Stille. Im Gegenteil, sie machen die Stille gleichsam hörbar. Und dann genieße die Stille, die dich umgibt. Spüre, wie es dir guttut, von Stille umgeben zu sein.

Wenn du still dastehst, spürst du: Du brauchst jetzt gar nichts. Du bist einfach da. Du spürst das reine Sein. Stille heißt: einfach sein, einfach da sein, reine Präsenz, reine Absichtslosigkeit. Und du spürst: Stille ist etwas Reines, Klares. Sie ist nicht getrübt durch menschlichen Lärm, auch nicht durch menschliche Gedanken.

Vielleicht geht dir in dieser Stille das Wort des indischen Weisen Rabindranath Tagore auf: „Der Staub der toten Worte haftet an dir; bade deine Seele im Schweigen!" In der Stille kannst du deine Seele baden. Da fühlst du dich rein, erfrischt. Du spürst den Glanz des Ursprünglichen, Reinen, Klaren, der Schöpfung.

Dann kannst du mit Gott sprechen: „Alles ist sehr gut. Alles ist sehr schön." Du staunst und schweigst. Du bist einfach da. Da erkennst du den Unterschied zwischen Haben und Sein, von dem Erich Fromm sprichst. Du hast es nicht nötig, etwas zu haben, weder Besitz noch Anerkennung. Du bist einfach. Und dieses Sein ist das höchste, was wir Menschen erfahren dürfen. In diesem reinen Sein sind wir eins mit uns, eins mit Gott und eins mit allem, was ist.

Nachwort

Die Rituale, die ich in diesem Buch beschrieben habe, wollen Sie, liebe Leserin, lieber Leser, einführen in die Kunst des einfachen Lebens. Was einfaches Leben ist, hat der Philosoph auf dem Kaiserstuhl, Mark Aurel, immer wieder beschrieben. Er ruft seinen Schülern zu: „Lass keine Unruhe in dir aufkommen, werde einfach!" Einfach leben heißt für Mark Aurel: ohne Nebenabsichten zu leben, einfach da zu sein, im Augenblick zu sein. Er meint genau das, wohin uns die Rituale führen möchten: Einfach da zu sein, im Einklang mit sich selbst, im Einklang mit der Natur zu sein, im Einklang mit unserem innersten Wesen zu leben. Einfach ist nach Mark Aurel der Mensch, der ganz und gar mit der Natur übereinstimmt und der frei ist von Leidenschaften. Der einfache Mensch ist einfach da. Er lebt in Übereinstimmung mit seinem innersten Wesen.

Von dieser Einfachheit hat auch Jesus gesprochen. Im Lukasevangelium sagt Jesus: „Dein Auge gibt dem Körper Licht. Wenn dein Auge gesund (einfach = haplous) ist, dann wird auch dein ganzer Körper hell sein." (Lk 11,34) Wer lauter und klar ist, von dem geht Klarheit und Helligkeit aus auf seine Umgebung. Die Rituale wollen uns helfen, alles Trübe in uns zu klären, klar zu werden, ein einfaches Auge zu bekommen, das sieht, was sich ihm darbietet, das arglos auf die Menschen schaut, mit reinen Augen auf die Natur. Die Rituale wollen uns lehren, einfach hinzuschauen, zu schauen, was ist. Das klärt alles Trübe in unserer Seele. Und das bringt auch Helligkeit in unsere Welt.

Die Rituale sind einfach, sie wollen uns lehren, einfach im Augenblick zu sein. „Einfachheit ist das Resultat der Reife" sagt Friedrich von Schiller. Wenn wir uns von den Ritualen in das einfache Dasein einführen lassen, dann reift etwas in uns heran. Unser Leben bringt Frucht. Wir begnügen uns mit einfachen Dingen. Und doch haben wir alles, was wir brauchen. Die Rituale machen uns sensibel für die einfachen Dinge, für den Atem in uns, für die aufblühende Blume, für die fallenden Herbstblätter, für die Stille des Waldes. Die Rituale wissen um die Weisheit, die Jean Paul so ausgedrückt hat: „Man kann die seligsten Tage haben, ohne etwas anderes dazu zu gebrauchen als blauen Himmel und grüne Frühlingserde." Das einfache Leben hat für Jean Paul mit Seligkeit zu tun, mit Glück. Wer einfach lebt, ist im Einklang mit sich und er versteht die Kunst zu leben, die Kunst, glücklich zu sein. Es ist kein lautes Glück, sondern das stille Glück des einfachen Lebens, des einfachen Daseins in diesem einen Augenblick, in dem ich eins bin mit mir und mit Gott und mit allem, was ist.